AF317838

VOYAGE

À

ERMENONVILLE.

VOYAGE

À

ERMENONVILLE,

DÉDIÉ

à ma Femme;

SUIVI

DE POÉSIES DIVERSES;

Par J.-L. J.

PARIS,

IMPRIMERIE DE BRASSEUR AÎNÉ.

1813.

VOYAGE

À

ERMENONVILLE,

DÉDIÉ À MA FEMME.

.....Bannis l'effroi de la tempête;
Je la raconte dans le port.

G..... ... . Sœur.

Août 1811.

LE voilà donc terminé, mon amie, ce voyage de long cours, entrepris malgré les vents et Neptune, malgré toi surtout, et malgré moi-même, qui me disais que tu es ordinairement trop bien inspirée pour que je dusse braver tes pressentimens !

Un voyage fait ainsi malgré tout le monde devait être fertile en mésaventures, et cependant il ne nous est rien arrivé de bien funeste : voilà pour le coup ta sagesse en défaut.

Ce n'est pas que notre départ ait été d'abord fort agréable : dans une mauvaise voiture à quatre places on nous avait empilé six malgré nos réclamations ; un chasseur, un gendarme, un homme ivre, deux enfans et moi : une femme devait encore être fourrée de force entre nous comme la clef d'une voûte, si malheureusement elle eût été exacte à l'heure.

Mais... il y a des *mais* en voyage comme partout ailleurs, et quand la première chance a été fâcheuse le moindre *mais* fait toujours plaisir ; ainsi donc, l'homme ivre, un peu dégrisé, amusait nos enfans par toutes sortes de contes ; le gendarme se croyait obligé de faire ranger les voitures qui nous disputaient le pavé ; d'un mot,

d'un geste il imposait aux charretiers
les plus hupés : ils filaient doux, et au-
raient plutôt mis les deux roues sur
terre que d'avoir rien à démêler avec
notre grand habillé de bleu. Le chasseur
était un jeune homme de bonne compagnie qui se rendait chez un seigneur
des environs pour l'ouverture de la
chasse : un échange risible de respects
et de bienveillance s'établissait entre
lui et l'homme dégrisé, qui s'est trouvé
être le garde du seigneur chez lequel
on allait chasser.

Pour nous nous ne demandions qu'à
pouvoir crier *Louvres*, et descendre
de la cale étroite dans laquelle nous
étions enfermés. Enfin, après bien des
cahots et quelques relâches bachiques à
la Villette, au Bourget, à Vauderland,
nous sommes arrivés à Louvres, situé
aux confins des départemens de Seine-et-
Oise et de l'Oise, vendredi 30 août 1811,

à huit heures et demie du soir, quatre mortelles heures après notre départ de la porte Saint-Martin. Nos quarante-cinq sous dûment payés, il fallut, le paquet sous le bras, chercher un gîte. Tout était plein; un souverain venait, sans s'en douter le moins du monde, de traverser Louvres avec une cour nombreuse. (Sans cesse avec les femmes, ce souverain qui ne sait pas lire, n'a jamais vu ses états; et quoique son royaume soit fort antique, il n'en est que le huitième roi.)

La route était encore couverte des voitures de sa suite, les auberges encombrées, les aubergistes repoussans pour les piétons, et sans l'asile que nous avons enfin trouvé à l'enseigne des *Deux Bons Amis* un peu avant la poste, nous aurions eu pour lit les banquettes d'une des plus belles routes de France, et pour baldaquin l'immense rideau que la nuit déroule autour de l'horizon.

Non, tu ne connais pas le charme des grands chemins, de ces belles routes qui mènent partout, de ces voyages en un mot qui nous dispensent de nos occupations journalières, toujours un peu monotones, et de ces assujettissemens si contraires au but de la nature.

Plus galant, je devrais te dire que je pensais à chaque instant à toi, aux êtres intéressans que je quittais pour trois grands jours, que mon plaisir était troublé par mille inquiétudes...

Hé bien, non, mon amie, rien de tout cela ; je jouissais du moment présent et de la bonne omelette que je partageais avec mon jeune compagnon, et laissais là, confiant dans tes soins vigilans, toutes les idées de ménage, de commerce et d'affaires.

Te dire cependant qu'au désir de voir

des sites si vantés il ne se mêlait pas déjà celui de retourner bientôt près de toi, de t'amuser de mon itinéraire, et de reprendre un esclavage que je chéris, ce serait aussi faire un peu trop, aux dépens de mon cœur, honneur à mon goût pour l'indépendance ; c'est à toi-même que je m'en remets du soin de me rendre justice. Je continue.

Le souper fait, *on n'eut* point de musique Italienne en genre chromatique ;

mais les cris d'une vingtaine d'enfans qui se balançaient dans la cour de l'auberge sur des charrettes vides, et les juremens des rouliers qui abreuvaient leurs chevaux. Ce fut au bruit de ce concert diabolique que nous fûmes conduits dans la grande chambre à deux lits.

Sur la cheminée chargée de l'esprit

de tous les voyageurs on distingue entre mille cette inscription :

Les grâces et la vertu se sont reposées dans cette chambre.

Il faut qu'il y ait bien longtemps ; car ce n'était pas dans cette chambre comme au conseil d'Orléans, où, lorsque le bon Denis y apparut à cheval sur son rayon,

Odeur de saint se sentait à la ronde.

Nous dormîmes cependant, et je me réveillai le lendemain fort étonné de n'avoir point eu la compagnie des rats, souris et autres créatures que Dieu fit pour exercer notre patience.

Tout compensé, je conseillerai à ceux qui passeront par-là de s'arrêter *aux Deux Bons Amis :* un lit blanc, d'assez bon vin, pas trop mauvaise chère, tout cela pour quatre francs ; il n'y a rien à dire.

L'air le plus pur nous invite à nous mettre en route à six heures du matin; et pour être plus lestes nous ne déjeunons pas. Morfontaine n'est qu'à trois lieues; nous partons.

Le chemin qui y mène est pavé et planté de beaux arbres; il s'embranche à la grande route à une lieue de Louvres environ, sur la droite; mais pour abréger on prend à une demi-lieue la petite avenue de Saint-Nicolas, toute plantée de cerisiers: elle fait la base du triangle, et conduit au pavé de Morfontaine.

On passe par une tuilerie et par le village de Plailly, où se faisaient il y a quelques années les vases de forme étrusque, dont les frères Piranesi avaient le dépôt à Paris (1).

---

(1) Ces vases, d'une terre qui imitait celle d'Italie, étaient ornés de figures dans le genre antique. La manufacture de Plailly florissait

On arrive aux hauteurs de Mont-Meillant, d'où l'on descend à Morfontaine. Nous étions assez fatigués à cause de la chaleur, et déjà nous cherchions des yeux l'auberge où l'on nous avait conseillé de nous arrêter, lorsqu'une fontaine assez remarquable, sur une petite place demi-circulaire, arrête nos regards ; nous approchons : une statue mutilée ; des inscriptions presque effacées. quoique récentes ; un bas-relief qui porte l'empreinte des insultes qu'il a reçues ; tout rappelle un temps de délire et de fureur.

---

sous la protection spéciale du prince Joseph, depuis roi de Naples, et actuellement roi d'Espagne. Mais en multipliant ces anciennes formes si recherchées lorsqu'elles étaient rares, on en a fait perdre l'envie. Le goût est passé de mode. et les vases étrusques faits à Plailly sont tombés.

La première inscription au-dessus
de la corniche porte ces mots :

*En l'année 1791 Joseph Duruey (1), pro-
priétaire en ce lieu, fit rétablir cette fontaine et construire un lavoir pour l'utilité
de ses habitans.*

Plus bas sur une tablette de marbre,
au-dessous d'une nayade couchée, on
lit ces vers, assez analogues à leur des-
tination :

> Des bords fleuris où j'aimais à répandre
>> Le plus pur cristal de mes eaux,
>> Passant, je viens ici me rendre
> Aux désirs, aux besoins de l'homme et des
>> troupeaux :

---

(1) M. Duruey était banquier et seigneur de
Morfontaine; il avoit acheté cette terre de
M. Lepelletier : sa veuve, rentrée dans ses
biens après la révolution, l'a vendue au prince
Joseph.

En puisant les trésors de mon urne féconde
Songe que tu les dois à des soins bienfaisans ;
Puissé-je n'abreuver du tribut de mon onde
    Que des mortels paisibles et contens !

Deux robinets à soupape versent abondamment une eau limpide dans une large cuvette de pierre doublée en plomb.

Le bienfait est resté ; mais le bienfaiteur a disparu cruellement ! M. Durucy a péri sur l'échafaud révolutionnaire !

Ainsi des hommes distingués par leurs talens et leurs vertus, goûtant un noble repos au sein de la nature et au milieu des heureux qu'ils faisaient, étaient impitoyablement arrachés de leurs demeures paisibles pour aller figurer comme victimes dans les jeux sanglans de l'anarchie !

Il y a loin, mon amie, de cette réflexion à ce qui va suivre ! Eh ! quelle transition pourrait y conduire ! Mais je te raconte mon voyage; ce que j'ai fait, ce que j'ai vu, voilà mon sujet; la topographie de deux ou trois villages, voilà mon plan; la seule convenance que j'aie à observer, c'est l'exactitude. Je poursuis.

A vingt pas de la fontaine est l'auberge qu'on nous avait indiquée. Le maître de cette auberge a l'air capable, et cet air n'est point démenti par ses actions: si vous demandez un lit il vous en offre douze; ajoutez-vous qu'il soit propre, il dit avec un sourire ironique qu'on va faire la lessive s'il n'y a plus de draps dans l'armoire; vous voulez un plat de légumes, il vous sert des haricots, d'un vert si clair que vous les prenez pour des brins d'herbe crue, et vous n'êtes point détrompé en les mangeant; enfin, désirez-vous un peu de ce café consolateur, une petite cafetière de ferblanc, couverte de poussière, est mise aussitôt sur les charbons avec ce qu'elle contient depuis longtemps. La liqueur s'échauffe; elle bouillonne; on vous l'apporte, et ce qui tombe dans votre tasse ébréchée est un vieux marc plus roux que brun, qui porte avec lui tous les symptômes de la fermentation: c'est-en vain que vous y mettez du sucre; un quarteron ne suffirait pas pour pallier le goût détestable de ce café, plus exotique qu'on ne pense; car c'est le diable qui l'a fait.

A tant de mérite notre aubergiste joint encore le don de la persuasion. Je lui contais en déjeunant le but de notre voyage; nous voulions donner un coup d'œil à Morfontaine, et coucher à Ermenonville pour le voir à notre aise le soir même et le lendemain. — Hé bien, messieurs! nous dit notre hôte, ce n'est pas cela du tout qu'il faut faire; il faut après déjeuner aller à

Ermenonville; vous l'aurez vu en deux heures plus que vous ne voudrez : qu'est-ce que c'est qu'Ermenonville? C'est rien du tout. Vous reviendrez souper et coucher ici, et demain, après-demain vous suffiront à peine pour voir Morfontaine : c'est ainsi que font tous les étrangers qui passent par ici; ils restent quelquefois huit jours sans avoir tout vu. —

Nous sentîmes, ton fils et moi, toute la candeur de cet avis, et nous nous promîmes bien d'y déférer en proportion de la confiance qu'il nous inspirait.

Ayant donc suffisamment déjeuné, nous nous sommes acheminés vers le château, qui n'a rien d'extraordinaire.

Un corps-de-logis de petite étendue; au milieu, un perron arrondi; aux extrémités deux pavillons irréguliers; au-devant une cour assez spacieuse, dont l'entrée, marquée par deux petits

bâtimens carrés et uniformes, est sé-
parée du grand chemin par une grille
fort simple ; quelques arbres étrangers,
du gazon et des fleurs, tel est l'ensemble
extérieur de ce château, dont l'aspect,
plus agréable que grand, ne semble pas
d'accord avec les beaux parcs qui l'en-
vironnent, et moins encore avec la
majesté du personnage auquel il appar-
tient.

Le petit parc tient au château, et ne
se voit qu'avec un guide ; le grand parc,
dont l'entrée est en face, de l'autre côté
du grand chemin et vers le nord, est
ouvert à tout le monde.

C'est par celui-ci que nous avons
commencé, parce qu'ainsi l'a voulu la
veuve Page, chargée seule de conduire
les curieux, et qui, n'étant pas prête,
nous a envoyé promener.

Des sentiers sablés et tortueux nous
ont conduits, à travers des taillis et des

futaies, à une métairie, une cascade, un lavoir, un hameau, enfin à deux ponts de bateaux jetés sur le lac, non loin de quelques petites barques de formes diverses qui attendent les rameurs au pied d'un pavillon : c'est là, dit-on, que les jeunes princesses d'Espagne viennent quelquefois faire des collations.

Il faut deux heures pour faire le tour entier de la grande pièce d'eau ; mais en traversant les ponts dont je viens de parler on abrège beaucoup, et l'on revient au bout d'une heure au point d'où l'on était parti.

De la maison du garde, qui se trouve là sur une éminence, en se retournant pour jouir de l'ensemble de tous ces détails, la vue s'étend sur un vaste paysage ; à droite un vallon couvert d'arbres, et terminé par une tour ruinée, mais dont ce qui reste de créneaux semble encore redoutable ; à gauche des pâturages chargés de bestiaux, et des gazons épais baignés par une partie du lac, dont les eaux tranquilles portent également le cygne élégant et le canard rustique : le milieu de ce tableau laisse apercevoir un horizon très étendu au-dessus de plusieurs massifs d'arbres et de quelques toits champêtres qui animent toute la composition.

Cependant le silence semble régner dans ce beau lieu, et permettre seulement aux oiseaux et à la cascade de se faire entendre de loin comme pour rendre hommage à son empire.

C'est sur le mur de cette maison qu'une main plus sensible que savante a tracé grossièrement ces quatre vers tirés du poëme des Jardins :

Là que le peintre vienne enrichir sa palette ;
Que l'inspiration y trouble le poëte ;
Que le sage du calme y trouve les douceurs ;
L'heureux ses souvenirs ; le malheureux ses
    pleurs.

Ces vers, qui conviennent parfaitement au site de Morfontaine, et peut-
être encore mieux à celui d'Ermenonville, n'ont point été inspirés à l'auteur
par la vue de leurs paysages; M. Delille,
qui fit son poëme en Angleterre, n'a
cité Morfontaine que dans une note, et
n'a parlé d'Ermenonville que dans ce
passage :

Mais les jardins bornés m'importunent encor;
Loin de ce cercle étroit prenons enfin l'essor,
Vers un genre plus vaste et des formes plus belles,
Dont seul Ermenonville offre encor des modèles.

C'est beaucoup dire en peu de mots,
mais ce n'est pas décrire.

Cette promenade finie, nous sommes
retournés auprès de notre veuve, qui
voulait encore se défaire de nous. Elle
avait vu arriver un équipage, des dames,
des messieurs; elle leur comparait deux
minces piétons, et se disait : Si je m'en-

fonce dans les bosquets avec ces gail-
lards-là, la belle compagnie, ne me
trouvant pas, partira pour Ermenonville. Elle allait, venait, voulait nous
envoyer encore seuls rôder autour des
barrières dont elle avait la clef; enfin
elle tenait beaucoup à cette compagnie,
à laquelle elle était résolue de nous sa-
crifier s'il le fallait : heureusement pour
nous la compagnie jugea à propos
de dîner avant la promenade. Alors
Mme Page, plus tranquille, est venue
nous inviter à la suivre, et tu juges si
nous fûmes contens de la voir enfin dé-
cidée à nous conduire.

N'en déplaise à notre hôte, je n'ai rien
vu de bien curieux dans le petit parc;
deux ou trois simulacres de monu-
mens, une orangerie, une volière, ce
que l'on voit partout; de beaux arbres
cependant, entre autres deux ormes ju-
meaux, d'une taille gigantesque, et qui

ont bien chacun dix pieds de circonfé-
rence. C'est un joli bosquet où l'art du
jardinier mérite des éloges; mais rien
de grand, aucune échappée de vue.

Le souterrain, percé sous la route pour
conduire du petit parc au grand, est ce
que j'ai vu là de plus extraordinaire; je
lui donne cent toises de long sur sept à
huit pieds de large; la voûte peut avoir
dix pieds de hauteur, et tire son jour
principal d'un puits pratiqué au milieu.

Il est vrai que Mme Page, craignant
apparemment de manquer les voyageurs
qui dînaient, nous a menés un train de
poste; et j'ai su depuis qu'elle ne nous a
pas montré la moitié de ce qu'il y avait
à voir; au total nous n'en avons pas eu
pour nos trente sous.

Il est à peine une heure, et nos promenades sont finies. Ah, mon cher hôte,
vous avez beau dire, il ne faut pas tant
de temps pour voir Morfontaine quand

on est à pied ; et puisque cette manière
de voyager a ses inconvéniens, souffrez
que nous profitions des petits avantages
qui y sont attachés. Allons, vîte à dîner,
et nous partons pour ce piètre Ermenonville, à qui vous voulez tant de mal.

Telles furent et notre réflexion et la
résolution qui s'en suivit. De son côté
notre hôte pensait à nous faire payer
l'avoine des chevaux que nous n'avions
pas ; pour cela il nous indiquait le chemin d'Ermenonville d'une manière si
entortillée, si peu claire, qu'il fallut
prendre son neveu pour nous conduire
à mi-chemin ; ce qui nous a coûté quinze
sous.

On sort de Morfontaine par une avenue de peupliers qui mène au jeu d'arc ;
on le laisse à gauche, et l'on suit la trace
des voitures jusqu'au hameau de Mon-
tabit ; on le traverse, et l'on gagne un
sentier qui conduit, à travers champs, à

la ferme de Saint-Sulpice, établie dans un ancien couvent; on gravit une butte derrière ses murs, et l'on découvre des taillis; ce sont ceux d'Ermenonville : on les traverse pendant une bonne lieue, toujours tout droit, et l'on arrive enfin au village situé à trois lieues E. de Morfontaine, douze de Paris, six de Chantilly, et à-peu-près à la même distance de Senlis et de Meaux.

Il est dans le département de l'Oise; nous y arrivâmes le samedi à cinq heures du soir.

ERMENONVILLE.

IL n'est point aisé, mon amie, de rendre compte de ce qu'on a vu pour ainsi dire sous le charme.

Là s'accumulent des souvenirs auxquels vous avez peine à suffire, et le sentiment religieux qui s'empare de vous est plus favorable à la méditation qu'à la description.

Le capitaine Sarrède, un de ces braves que l'histoire signale de loin à loin, digne d'être cité après les Bayard, les Molac (1), les Sully, par son dévouement chevaleresque à la personne de son roi,

_____

(1) À la bataille de Pavie Molac, seigneur de Carcado, étant près de François Ier, aperçoit un arquebusier ennemi qui visait le roi : ce brave officier se précipite au-devant, et reçoit le coup mortel qui allait perdre la France.

était seigneur d'Ermenonville au commencement du dix-septième siècle. (1)

Le nom chéri de Henri IV s'y prononce encore tous les jours avec le sien; la belle Gabrielle n'y est point oubliée, et sa mémoire y reçoit une sorte de culte.

Les personnages les plus illustres ont voulu voir, de nos jours, et la création de

---

(2) Le capitaine Sarrède était seigneur d'Ermenonville, non par les bienfaits de Henri IV, comme le disent quelques descriptions, mais par héritage, son père ayant possédé le même fief. (Voyez *Moreri*.) Il n'est pas probable non plus que la belle Gabrielle ait habité Ermenonville, quoique d'autres descriptions l'affirment; mais on peut croire qu'elle et son auguste amant sont venus y visiter quelquefois le brave de Vic, que Henri IV affectionnait, et qu'il avait créé grand-amiral.

M. de Girardin (1), et ce qui reste encore du vieux manoir qui fut honoré par la présence du bon Henri.

D'un autre côté, la noble complaisance avec laquelle MM. de Girardin fils font les honneurs de leur propriété; la beauté singulière du site; l'ombre de Jean-Jacques, qui semble encore errer dans ces bosquets solitaires; enfin, tout ce qui parle au cœur d'un Français, d'un ami de la nature, d'un homme sensible, semble être réuni à Ermenonville.

Moi j'y portais une vieille habitude de vénération pour l'auteur d'Émile; je n'oublierai jamais les jouissances

____

(1) Avant M. de Girardin, père des propriétaires actuels, Ermenonville était devenu un cloaque; c'est par l'ingénieux emploi des eaux et des plantations, que cet amateur distingué en a fait un des plus beaux sites de l'Europe.

que j'ai éprouvées en lisant cet ouvrage, ni la main bienfaisante et res-
pectable qui, en me le donnant, a voulu
contribuer au bonheur de ma jeunesse.

Rousseau a commis de grandes fautes
sans doute, mais il a été malheureux, et
d'autant plus à plaindre, qu'il fut lui-
même l'artisan de ses peines.

C'est de son propre cœur, agité par
un inconcevable mélange d'orgueil et
de passion du bien public, que s'exha-
laient sans cesse ces nuages malfaisans
qui l'abreuvèrent d'amertume, et d'où
s'échappa enfin le trait mortel qui l'a
affranchi de lui-même.

Rousseau s'est donné la mort; c'est
un fait qui paraît démontré; lis pour
t'en convaincre une brochure de M. de
Corancez, qui a vécu dans sa familiarité
presque jusqu'à ses derniers momens;
l'éloge de Jean-Jacques par Mme de
Staël, le meilleur qui ait été fait de

ce philosophe ; la réfutation même de Mme Alexandre de Vassy, fille de M. de Girardin, dans une lettre à Mme de Staël, et la réplique de cette dernière.

Quoi qu'il en soit des erreurs de Jean-Jacques et du genre de sa mort, est-il permis de méconnaître l'écrivain le plus éloquent des siècles modernes, et le défenseur victorieux de l'enfance abandonnée à des soins mercenaires ? « Nous avons tous dit, avouait M. de Buffon devant des personnes qui voulaient rabaisser le mérite de l'auteur d'Émile, nous avons tous dit, qu'il fallait que les mères nourrissent leurs enfans ; mais M. Rousseau seul l'a commandé, et s'est fait obéir. »

En vain l'accuse-t-on d'avoir été par la hardiesse de ses écrits l'un des complices anticipés de la révolution ; une dynastie de trente-deux rois, qui avait régné huit cents ans, n'était-elle pas attaquée de caducité? Tout finit; les gouvernemens aussi. Ce n'est,ni Rousseau, ni Voltaire,qui ont hâté la révolution; la monarchie, déjà épuisée sur la fin du règne de Louis-le-Grand, tombée ensuite entre les mains inhabiles et avilies du régent, abandonnée enfin à sa destinée sous le voluptueux Louis XV, n'était-elle pas parvenue à ce point inévitable de catastrophe, commun à tous les états vieillis,sous un roi honnête homme, mais dépourvu de l'énergie nécessaire pour refondre en entier le mécanisme du corps social?

Pardonne, mon amie, une si longue digression : je cause avec toi; c'est mon excuse.

Le village d'Ermenonville touche au bois dont je t'ai parlé : à peine on y est entré que l'on aperçoit deux tourelles antiques qui annoncent l'abord d'un vieux château. Les armes du brave Sar-

rède, baron de Vic, qui se remarquent
encore sur celui-ci, le font dater d'environ deux cents ans. Il est entouré d'eau,
et flanqué de trois tours construites ré-
cemment à la place des anciennes; la
quatrième n'est pas encore réédifiée : il
se compose d'un corps-de-logis, dont la
face principale est au midi, et de deux
ailes en retour, à-peu-près de la même
étendue chacune que le corps de logis.
Cette architecture, un peu lourde, re-
porte au temps de la féodalité.

À l'entrée des cours sont deux pavillons carrés, habités par le concierge et
le régisseur. Une chaussée passe au pied,
et sert de communication au commencement et à la fin du village que le château sépare; de l'autre côté de la chaussée sont deux pièces d'eau, dont l'une,
retombant dans l'autre par une cascade,
donne au château une perspective qui
surprend agréablement.

3 *

Ce premier coup-d'œil jeté sur les de-
hors, nous avons été retenir un lit à l'auberge dite *de J.-J. Rousseau*, qui passe
pour la meilleure de l'endroit.

J'avais eu un instant la tentation de
me loger en face, dans une maison de la
plus pauvre apparence à la vérité, mais
qui n'est pas sans intérêt; deux cadres
grossiers, appliqués à demeure sur le
mur extérieur, renferment ces indica-
tions :

JOSEPH II, EMPEREUR D'ALLEMAGNE,

A DÎNÉ DANS CETTE MAISON

LE 24 MAI 1777.

GUSTAVE III, ROI DE SUÈDE,

A DÎNÉ DANS CETTE MAISON

LE 20 JUILLET 1784.

Un troisième cadre vide attend qu'un
autre illustre voyageur vienne s'y faire
inscrire.

Mais, j'ai pensé que les empereurs

dînent toujours bien partout où il leur
plaît de s'arrêter ; et, ne trouvant pas
dans cette réflexion une garantie suffi-
sante de la manière dont nous, chétifs,
serions traités dans l'auberge des rois,
je me suis contenté de bien regarder le
chaume ennobli qui a servi d'abri à
deux têtes couronnées, et j'ai été retenir un lit et à souper où je pouvais rai-
sonnablement espérer d'en trouver.

Le soleil n'était pas encore couché ;
il nous restait plus d'une heure de jour ;
fidèles à notre plan, nous voulûmes
l'employer à visiter une partie de ce
que nous désirions le plus de voir.
M. Peters, commis spécialement à l'emploi de conduire les étrangers, fut donc
relancé par nous dans une vieille tour
cachée par des arbres touffus, sur le
côté, derrière le château. Cette tour,
qui a été bâtie il y a deux siècles, sert de
logement à M. Peters : M. de Girardin

a su la rendre très-habitable sans lui ôter ce caractère antique qui en fait à présent un objet assez curieux.

L'alcôve est éclairée par une meurtrière, de laquelle jadis on a peut-être fait feu sur les ligueurs. Les jolis enfans de M. Peters ont reçu le jour dans cette même alcôve...... Quel changement!

Nous voilà donc en chemin avec notre guide : nous traversons un pont de bois qui mène au rez-de-chaussée du château, du côté du nord. Du salon qui en occupe le milieu on a la vue de la cascade dont j'ai parlé, et celle qui lui est opposée; c'est le grand lac semé d'îles, d'où s'élancent mollement de beaux arbres, et bordé de paysages variés, au milieu desquels on aperçoit de jolies fabriques. Ce point de vue délicieux est peint par M. J. Bidault, l'un de nos meilleurs paysagistes, qui y travaillait encore de dessus la galerie devant le salon (1).

Son tableau, que j'ai pu comparer à l'original, soutenait la comparaison; c'est la même fraîcheur; c'est la nature même, réduite avec une précision qui ressemble à l'effet magique de la chambre-noire.

L'un des propriétaires s'amusait aussi à peindre auprès d'une croisée du château.

Nous passons : à chaque pas de nouveaux aspects; partout une fraîcheur séduisante, une vigueur de végétation dont les jardins les mieux cultivés ne sauraient te donner qu'une idée imparfaite : on se croit dans ces vallées de la Suisse, dont la description seule fait tant de plaisir, et que je renonce enfin

____

(1) Ce charmant paysage a été exposé au Salon de 1812.

à aller voir, autrement qu'en retournant à Ermenonville avec ton frère et toi.

Les montagnes même s'y trouvent avec leurs pins sourcilleux, et les différentes espèces d'arbres verts.

La partie qu'on nomme le désert est réellement d'une nature sauvage, et contraste parfaitement avec les bords riants du lac, qui, à mesure que vous avancez, se reproduit sous toutes les formes. Une des issues du désert est fermée par une cabane, construite avec des souches et des arbres bruts, à la manière des charbonniers, et l'on déchiffre ces mots, grossièrement taillés sur l'écorce du linteau :

Charbonnier est maître chez lui.

M. de Girardin fit bâtir cette cabane à l'occasion d'un procès qu'il gagna contre le prince de Condé. Ce prince, en sa qualité de grand-veneur, prétendait que M. de Girardin ne devait pas clore ses bois, et sans ménagement faisait abattre les barrières et les treillis qui les entouraient lorsque l'envie lui prenait de chasser de ce côté. En vain M. de Girardin fit-il offrir au prince de lui ouvrir son domaine toutes les fois qu'il le désirerait; le prince ne voulait pas souffrir de barrières. L'affaire fut portée devant les juges, qui décidèrent en faveur de M. de Girardin.

Non loin de là se voit sur le bord d'une éminence, une grotte, où l'on dit que pendant un orage Joseph II s'est mis à couvert.

On descend, on traverse des bois, et l'on arrive au pied d'un roc fort élevé, que d'épaisses bruyères couvrent par intervalle; on le gravit, et sur la cime se trouve la maisonnette où Jean-Jacques venait presque tous les jours arranger ses herbiers pendant les deux mois qu'il habita Ermenonville.

Deux énormes grès, qui laissaient entre eux un vide circulaire, dont l'ouverture était au midi, formèrent les murs naturels de ce réduit. Un arbre jeté dessus servit de sommier; des branches et du chaume achevèrent la couverture; une porte et une croisée furent pratiquées au-devant; deux bancs taillés dans la pierre, et couverts de mousse, une table ronde en bois brut, et deux fauteuils pareils, tel en était l'ameublement. Une trape s'ouvrait sur un trou qui servait de cave. Rousseau ne se plaisait nulle part autant que là. On voit gravé sur la face d'un des grès, à côté de la porte, ce passage tiré de l'un de ses écrits:

« C'est sur la cime des montagnes so-
« litaires que l'homme sensible se plaît à
« contempler la nature; c'est là que, tête
« à tête avec elle, il en reçoit des inspi-
» rations toutes-puissantes, qui élèvent

« son âme au-dessus de la région des
« erreurs et des préjugés. »

On redescend, et l'on arrive, après
avoir parcouru sur un gazon épais plusieurs chemins tortueux, toujours arro-
sés par les eaux du lac, divisées de vingt
manières, à un bac, au moyen duquel
on aborde à la tour de la belle Gabrielle.
La blancheur de ses murs, interrompue
par quelques parties de briques, un pavillon, et une girouette qui le surmontent,
des créneaux, des meurtrières, donnent
à cet édifice un air singulier qui fait dé-
sirer d'en voir l'intérieur.

Le casque et la cuirasse du brave de
Vic, placés à l'extérieur sur un socle
dégradé, vous arrêtent cependant.

Derrière ces armes vénérables, on voit
les traces d'une inscription effacée, et
au-dessus un crochet où étaient appendus
la lance et le bouclier du baron.

Vous entrez : au premier étage de la

tour un énorme pilier supporte une voûte surbaissée, et traverse par le milieu une vaste table ronde; la cheminée large et élevée est construite en briques et sans aucun ornement; deux petites pièces à côté de celle-ci sont meublées comme au temps de Henri. L'illusion est complète; on ne serait pas étonné de voir là le vieux capitaine ou quelque preux de son temps.

Au-dessus de cette pièce est un salon de forme ronde qui supporte une coupole légère percée de quatre ouvertures ovales.

Derrière le cintre de cette coupole une musique douce et mélodieuse se fit entendre tout à coup lorsque la dernière reine, visitant Ermenonville, entra dans ce salon pour la première fois: elle se crut dans un palais de fée.

Quel dommage que cette tour et ces meubles et ces armes ne soient qu'une imitation déstinée par feu M. de Girardin à conserver dans ces lieux la mémoire de leur ancien possesseur, et du bon roi auquel il ne put survivre! (1)

Il était bientôt nuit. Nous revînmes vers le château en traversant *le bocage*; et, nous rendant à notre auberge, nous nous hâtâmes, après avoir bien soupé, de tromper par le sommeil l'impatience du lendemain.

Il arriva sans que nous nous en soyons douté, et dès six heures du matin le complaisant Péters était à notre logis, accompagné d'un curieux de Meaux, qui nous demanda fort poliment la permission de nous accompagner. Ç'aurait été plutôt à nous à la lui demander, car

______

(1) On sait que de Vic, mutilé au service de Henri IV, lui fut tellement attaché que, passant dans la rue de la Ferronnerie quelques jours après la catastrophe, il fut suffoqué, et mourut le lendemain.

notre guide commença sa tournée par le désert que nous avions vu la veille, mais que nous parcourûmes de nouveau avec plaisir. Nous pûmes apprécier cette fois la beauté du *bocage*, que nous avions mal vu. On nous montra de plus la maison que M. de Girardin faisait construire pour Jean-Jacques, lorsque ce philosophe vint à mourir : elle est vaste et commode pour un ménage de deux personnes, d'une architecture agreste, mais pleine d'agrémens. M. de Girardin, par une de ces recherches qui ne sont connues que des âmes délicates, la fit bâtir sur un modèle qu'il avait fait venir de Genève, pour rappeler à Rousseau sa patrie, qu'il aimait toujours malgré sa rigueur envers lui.

La veuve de Jean-Jacques a habité cette maison pendant un an ; aujourd'hui elle sert de logement à l'un des gardes du parc.

Nous demandâmes à voir aussi la chambre que l'auteur d'Émile occupait, en attendant que la maison suisse fût prête, dans les mansardes du pavillon à gauche du château ; elle est grande et bien éclairée. À quelques pas du pavillon tombe une petite cascade, dont le bruit devait avoir des charmes pour Rousseau. De beaux arbres entretenaient à ses fenêtres la verdure, qu'il aimait tant.

C'est dans ce simple réduit qu'a cessé d'être malheureux, en cessant de vivre, celui que Voltaire a maltraité indignement, et qu'il aurait flatté sans doute s'il eût eu plus de richesse ou moins de talent.

Après cette tournée nous déjeunâmes à la hâte, et nous nous remîmes de nouveau sous la conduite de notre guide, qui avait fait recrue d'une famille de Senlis.

L'*Arcadie* nous restait à voir : elle

est située au midi, derrière la grande cascade; quatre objets principaux s'y font remarquer;

1°. Un bois vaste et silencieux, que M. de Girardin a laissé en réserve pour l'agrément du lieu.

2°. Le temple de la philosophie moderne, dédié à Montaigne; il n'est pas achevé. Les noms de Newton, de Descartes, de Penn, de Montesquieu, de Rousseau, et de Voltaire, se lisent sur les colonnes qui soutiennent la partie terminée. On a gravé sur la base d'une autre colonne restée imparfaite : *Quis hoc perficiet? Falsum stare non potest.* Qui l'achèvera ? Le mensonge doit succomber.

3°. La pierre tumulaire qui couvre les restes d'un jeune-homme qui s'est tué à cette place en 1791. La lettre que l'on trouva près de lui était assez énigmatique; mais il s'était souvent promené dans le parc; le jour même du suicide il avait erré longtemps dans l'île des Peupliers, où la présence de quelques ouvriers avait semblé le contrarier; sa lettre annonçait qu'il était sans famille; enfin par cette lettre il priait qu'on l'enterrât le plus près qu'il serait possible de Jean-Jacques. Ces diverses circonstances firent conjecturer que ce malheureux jeune-homme était peut-être le fils de Rousseau.

D'un autre côté la lettre révélait qu'il mourait victime de l'amour.

Quoi qu'il en soit (1), voici ce qui arriva peu de temps après sa mort : deux jeunes inconnues vinrent faire une promenade

____

(1) L'article inséré dans le Journal de l'Empire du 22 juillet 1813 ne lève point le doute; d'ailleurs de 1778, époque de la mort de Jean-Jacques, à 1791, date de celle du jeune-homme, il y a treize ans d'intervalle, et non pas cinq, comme le dit M. Gunther.

dans les bosquets d'Ermenonville; et lorsque le guide leur eut montré l'endroit où ce jeune-homme avait été enterré, l'une d'elles tira de son sein un portrait, et, le montrant au guide, lui demanda avec vivacité s'il avait vu quelqu'un qui ressemblât à cette peinture. C'est lui! s'écria-t-il, c'est lui-même! Je l'ai vu cent fois se promener ici. Alors, fondant en larmes, elle coupa une tresse de ses cheveux, qu'elle recommanda aux soins du guide après l'avoir placée sur la tombe, et disparut. Cette tresse est restée longtemps, et en 1802 on grava ces quatre vers sur la pierre funèbre :

> Loin que mes larmes se tarissent
> Près de cet objet de douleur,
> Plus ses cendres se refroidissent,
> Plus je sens consumer mon cœur.

Par une infortunée.

Est-ce bien l'infortunée elle-même

qui au bout de onze ans est venu consacrer ainsi un douloureux souvenir?
ou bien ces vers ne sont-ils que l'ouvrage de quelque poëte d'Elysée? Je
penche à présent pour la dernière opi-
nion; mais à Ermenonville on n'a pas
la liberté du choix, et l'on se sent ému
auprès de cette tombe. Si peu d'espace
vous sépare de l'infortuné qui peut-être
à mieux aimé mourir que d'entraîner
son amante dans l'abîme des désordres!
on foule la terre que la beauté sensible
et désespérée a mouillée de ses larmes;
il semble que l'on voit encore cette
tresse de cheveux, sacrifice simple et
touchant offert par l'amour malheureux
aux mânes d'un amant chéri.... La mé-
lancolie vous gagne, et l'on s'éloigne à
regret.

4°. Enfin l'île des Peupliers et le cé-
notaphe érigé par M. de Girardin à la
mémoire de son illustre ami : il couvrit

pendant quinze ans les restes de Jean-Jacques; c'est en 1795 qu'ils en furent retirés pour être déposés au Panthéon; il est en pierre et a été sculpté par Lesueur.

Rien de plus pittoresque que les différens points de vue que l'on aperçoit en se rendant à l'île. Le rayon visuel, resserré par les parois de la cascade, saisit tour à tour les objets qui se succèdent derrière à mesure que le bateau avance.

Tu ne vois peut-être pas, mon amie, d'après ma faible description, ce qu'il y a dans tout cela de si enchanteur. Il est cependant vrai que je n'ai jamais rien vu de si beau, de si attachant. Je ne suis pas étonné que des familles viennent quelquefois s'établir dans le village pendant une partie de la belle saison; on leur donne les clés de tous les bosquets, et elles y sont aussi libres que dans leur propre jardin.

Hé bien, mon amie (car il faut tout dire) hé bien, ces beaux lieux, les souvenirs qu'ils retracent, la générosité constante de leurs propriétaires, qui semblent ne les entretenir que pour le plaisir des étrangers, tout cela est en quelque sorte profané par l'invitation que vous fait le cuisinier de l'auberge *de Jean-Jacques* d'écrire sur un mémorial les idées ou les sentimens que l'on est censé avoir. La vanité, la sottise, et la grossièreté, s'y lisent en divers caractères.

C'est en 1778, et non en 1809, qu'il eût fallu ouvrir ce mémorial, ou plutôt n'est-il pas vrai de dire que ce qui peut être bon et convenable sur les bords d'un cratère ou sur le plateau du Saint-Bernard, n'est plus que ridicule à la sortie d'un parc? (1)

____

(1) M. de Châteaubriand, en rendant compte

Ce maudit mémorial, qui avait d'a-
bord excité ma curiosité, m'a donné de
l'humeur en m'arrachant désagréable-

---

de son Voyage au Vésuve, parle du Mémorial
que l'ermite, qui est là comme le gardien de
cette épouvantable rareté, présente aux voyageurs : il dit qu'il n'y a pas remarqué une seule
idée digne du lieu, et fait cette observation que
ce ne sont pas toujours les grands objets qui
sont le plus propre à donner de grandes idées.

C'est apparemment parce que l'esprit, do-
miné par le spectacle inaccoutumé d'un objet
imposant, n'a plus d'autres facultés que celle
de l'admiration, ou plutôt parce qu'il éprouve
une stupéfaction qui les lui ôte toutes.

M. de Châteaubriand a conservé là du moins
le sang-froid nécessaire à l'observateur, et sa
description paraît effrayante de ressemblance.

Les religieux de la grande Chartreuse ont
coutume de présenter aux voyageurs un registre
pour qu'ils y inscrivent leur nom et quelque
sentence. On dit que Jean-Jacques, visitant ce
désert, n'ajouta à son nom sur le registre que ce
mot : *ô altitudo !*

Mais, si l'on n'a rien à écrire auprès des horment aux douces illusions qui m'avaient occupé depuis vingt-quatre heures.... Il n'y a plus moyen de rester ici ; fuyons ; aussi bien ... Mais chut ! — Mon ami, te sentirais-tu disposé à partir tout de suite pour Morfontaine ? —Avant dîner ? — À l'instant même. — Oui, papa. — Hé bien, partons; et nous voilà partis (1).

Le chemin ne nous a pas paru si long que la veille, et nous étions arrivés à trois heures.

---

reurs de la nature, pourquoi l'esprit, occupé d'objets plus doux à Ermenonville, ne trouve-t-il rien à déposer en tribut sur le mémorial ? N'est-ce pas, outre les raisons que j'en ai données, parce que l'on vous présente un mémorial où vous vous voyez en quelque sorte tenu de mettre quelque chose ? L'esprit est libre et abhorre toute contrainte.

(1) Mon compagnon de voyage n'avait alors que treize ans.

Tu vois d'ici la joie de notre illustre aubergiste en nous apercevant ; tu vois la broche que l'on dispose, le couvert que l'on met à la hâte, et les voyageurs, assez fatigués, goûtant les douceurs du repos et de la table.... Hé bien, point du tout. — Comment ? — Patience.

Tu sais, dis-je à ton fils, que nous devions coucher ici et partir demain à la pointe du jour pour aller prendre à Louvres la voiture de huit heures. — Oui, papa. — Ne vaudrait-il pas mieux aller coucher ce soir à Louvres, où nous attendrons paisiblement dans notre lit l'heure du cabriolet, que de nous lever à quatre heures, nous fatiguer dès le matin, et risquer encore de trouver la voiture partie ? — Dam, c'est comme tu voudras. — C'est que pour faire cela nous ne pouvons guère nous arrêter à dîner ; il serait trop tard ; et puis, une fois refroidis, pourrions-nous encore faire nos trois lieues? — Mais c'est que j'ai bien soif. — Hé bien, nous allons boire. Je demande une demi-bouteille, qui nous rafraîchit plus qu'elle ne nous restaure, et nous voilà de nouveau sur la route.au grand déplaisir de notre aubergiste. — Quoi, sans dîner! — Certainement. — Mais il y a de la folie. — Au contraire. — Explique-toi donc. — Mon dieu, que tu es pressée!

Nous gagnons tout d'une traite l'entrée de notre jolie avenue de cerisiers; là nous remarquons un point de vue qui nous avait échappé en allant; il donne sur un village qui termine, en s'élevant un peu, de vastes champs entre-coupés d'arbres. Les masses de peupliers de la route donnent encore plus d'enfoncement à ce tableau d'une riche simplicité.

Nous nous étendons sur l'herbe, et nous nous amusons quelques instans, tantôt à considérer les formes bizarres que prennent successivement les nuages, tantôt à admirer la légèreté du lièvre qui arpente les sillons dépouillés.

Après une courte pause, nous poursuivons notre route, et nous arrivons enfin à l'auberge des *Deux Bons Amis*, ayant bien fait neuf lieues depuis notre déjeuner.

On nous fait entrer dans la même salle où deux jours avant nous avions fait assez bonne figure. Autre temps, autres mœurs; il faut aujourd'hui contenir notre appétit dans de justes bornes, et allonger nos jambes en raison inverse de nos moyens. — Qu'est-ce que cela signifie? — Tu vas le savoir.

Je tire de ma poche la bourse amaranthe, et comptant devant ton fils ce qui restait au fond : Comment diable, m'écrié-je, quatre livres huit sous! Mais nous ne pourrons pas prendre la voiture. — Hé bien, papa, nous pouvons bien aller à pied. — À merveille, mon ami : mais ce n'est pas le tout ; si nous dépensons, comme vendredi, nos quatre francs à souper, il ne nous restera plus que huit sous pour demain, et nous avons encore six lieues devant nous.... Après un moment de réflexion, sais-tu, papa, ce qu'il faut faire ? me dit ton fils ; il faut mettre de côté une vingtaine de sous pour notre déjeuner de demain, et dire à l'hôtesse que nous n'avons que tant à dépenser......

—Tu as raison.

L'hôtesse, appelée, se présente, et je lui tourne ainsi ma déclaration : Bonjour, madame ; il faut vous dire que nous revenons d'Ermenonville. — Ah, oui-dà, messieurs ! On dit que c'est bien beau par-là. — Superbe, lui dis-je ; mais c'est que nous n'avons plus que trente-cinq sous pour souper ; ainsi réglez-vous là-dessus. — Diable!... Paierez-vous votre lit à part? — Sans doute. — Hé bien, messieurs, ça peut encore s'arranger ; je vous donnerai une omelette de six œufs, une petite salade, une demi-bouteille, et du fruit.

Nous trouvâmes l'hôtesse fort raisonnable ; son souper nous parut excellent ; nous le mangeâmes en riant comme des fous, et nous dormîmes comme des gens qui ont mis ordre à leurs affaires.

Le lendemain, tout compte fait et cinq sous donnés à la servante, nous nous acheminons vers Paris avec dix-huit sous, deux pêches, et deux morceaux de pain prudemment réservés sur notre petit souper.

Bref, nous fournissons notre route, déjeunant légèrement *à la Patte-d'Oie* pour quinze sous, n'ayant plus que trois sous pour faire quatre lieues et demie ; partant, refusant l'aumône aux pauvres de la route ; mangeant une pêche quand nous avions soif, et du pain sec pour appaiser la grosse faim. Nos vivres épuisés, entrant dans les cabarets pour demander des verres d'eau que l'on nous donne avec le désobligeant *ça n'se r'fuse pas*; faisant tout enfin pour conserver nos trois sous jusqu'à la barrière de la Villette.

Là, commençant à respirer l'air natal, qui fait tant de bien, nous reprenons courage à la vue du beau bassin de l'Ourcq, et surtout des cabarets qui le bordent. Entrés dans le plus modeste, monsieur, dis-je fort civilement au garçon, combien vendez-vous un demi-septier de vin? — Un demi-septier! me répond-il avec un étonnement marqué; monsieur, nous en avons à plusieurs prix; il y en a à deux sous... — Bon, lui dis-je en l'interrompant; nous ne voulons pas en savoir davantage. Servez-

nous le plutôt possible un demi-septier
de deux sous, et pour un sou de pain.

Tel fut notre dernier repas
En revenant d'Ermenonville.
Sans doute on ne soupçonne pas
Si mince régime à la ville:
Gros dépensiers, peuple de fous,
Venez apprendre de vos maîtres
Comment on fait à pied chez nous,
Sans dîner, cinq myriamètres,
Et neuf milles avec trois sous.
Pour toi, tu vois assez, ma chère,
Qu'il n'est rien là de merveilleux;
Voyageurs qui rentrent chez eux
N'out pas besoin de bonne chère;
D'une nourriture légère
En route ils peuvent s'arranger,
S'ils sont sûrs comme moi de voir leur ménagère
Comme toi s'empresser à les dédommager.

FIN DU VOYAGE.

POÉSIES.

Des vers on connaît la mesure ;
On rime, on se croit du talent ;
Mais ce n'est qu'un cœur excellent
Qu'on a reçu de la nature,
Et de l'amour-propre un travers.

Épître à mon Ami.

POÉSIES.

~~~~~~~~~~~~~~~~~~~~~~~~~~~~~~~~~~~~~~~

PORTRAIT

Fait en 1798 (1).

HEUREUSE au sein de son ménage,
Occupant gaîment ses loisirs,
Négligeant les bruyans plaisirs,
On la voit et folâtre et sage :
Rien n'est plus brillant que sa voix ;
I·l n'est pas plus doux caractère ;
Nature en lui dictant ses loix
En a fait la plus tendre mère.

(1) Ce portrait est toujours ressemblant.

x
~~~~~~~~~~~~~~~~~~~~~~~~~~~~~~~~~~~~~~~

À MON BEAU-FRÈRE,

Sur l'envoi de son Portrait.

1800.

A cent cadeaux offerts avec délicatesse
Joindre le don de son portrait,
C'est traiter ses amis comme on fait sa maîtresse :
R***, qui te méconnaîtrait ?

L'ORME ET LES CEPS DE VIGNE,

FABLE,

Envoyée par nos Enfans à leur Oncle à l'occasion de sa Fête.

Août 1809.

Un jour un Orme dit à plusieurs Ceps de Vigne
    Qui près de lui croissaient rapidement :
        Jeunes amis, (l'Orme que je désigne
        N'est pas de ceux qu'on voit si fièrement
Balancer dans les airs leur tête ambitieuse,
        Et dédaigner la foule malheureuse
            Des plants qui végètent près d'eux)
Jeunes amis, dit l'Orme, à mon tronc vigoureux
Attachez tous ces fils dont la haute sagesse
            A su pourvoir votre faiblesse ;
Je serai votre appui ; goûtez sous mes rameaux
La fraîcheur et la paix. Si la grêle et les eaux
            Dans ces champs portent le ravage,
De votre tendre fleur j'écarterai l'orage.
Je veux plus ; de ces sucs, élaborés pour moi,

Prenez, prenez une partie :
De la nature ici je veux suivre la loi ;
Que la félicité qu'elle m'a départie,
Je vous le dis de bonne foi,
Entre nous tous soit répartie !...
A ce discours touchant les Ceps restent muets :
Si jeune que peut-on répondre ?
Mais l'Orme, tapissé de leurs nombreux filets,
Leur feuille avec la sienne aimant à se confondre,
Leurs pleurs à ses pieds répandus,
Leurs pampres à sa voûte en festons suspendus,
Et leurs grappes enfin qui couronnent sa cime,
Voilà leur éloquence ; et les vœux qu'elle
exprime
De l'Orme protecteur sont assez entendus.

POUR LE CYPARISSE

DE FEU M. CHAUDET (1),

*Qui l'avait terminé quelque temps avant
de mourir.*

1812.

CHAUDET, guidé par la nature,
De Cyparisse en pleurs consacrant les regrets,
Par un instinct touchant modelait le cyprès
    Que lui décerne la Sculpture.

______

(1) Cette belle statue a été acquise par
S. M. l'Impératrice Joséphine.

~~~~~~

PENSÉE.

Damon, que la santé revêt de son étoffe,
Du surtout de sapin nous entretient gaîment :
La mort n'est rien, dit-il, quand on est philosophe.
D'accord; mais je l'attends à son dernier moment.
~~~~~~

EPITRE A MON AMI,

En lui envoyant mon Recueil.

1810.

Ami, je t'offre mon recueil,
Et j'y joins la modeste épître,
Non que je fonde sur ce titre
L'espérance d'un bon accueil;
Une épître dédicatoire
Comme l'on sait ne prouve rien,
Et c'est œuvre peu méritoire :
Penser, écrire, rimer bien,
Voilà le solide avantage.
Par lui sur Pégase affermi,
Delille à la céleste plage
Ne s'élève pas à demi :
Je lui souhaite bon voyage,
Et mets gaîment A MON AMI
Au haut de ma première page.

Je ne t'écris que pour causer.
Parlons de ce qui m'intéresse :

6 *

Mes vers ! je veux t'en amuser :
Ils sont faibles, je le confesse ;
Mais l'amitié, qui sait priser
Le moindre gage de tendresse,
Voudra bien sans doute excuser
Ceux que j'ai mis à ton adresse.

Parmi le reste il n'en est pas
Qui n'ait droit à ta bienveillance,
Suivant tel ou tel autre cas.

Quelques-uns de la complaisance,
Enfans chétifs et délicats,
D'abord ne te séduiront pas ;
Mais tu verras leur indigence,
Et les accueilleras, je pense,
Comme font tous les gens bien nés,
Près de qui les infortunés
Trouvent une autre providence.

Toujours prêt, suivant l'occurrence,
Pour noces, fêtes ou repas,
J'ai de ces vers dont l'existence
Au surlendemain ne va pas ;

Mais la variante se prête
A les rappeler du trépas,
Et t'offre une ressource honnête
Pour te tirer d'un mauvais pas :
Dois-tu rimer pour une fête,
Je vois d'ici ton embarras ;
En vain tu te grattes la tête,
En vain tu pousses des *hélas ;*
Prends mes vers ne sois pas si bête ;
Au lieu de Luc mets Nicolas.

J'en ai quelques-uns de poële,
Ou plutôt à prétention,
Loisirs d'une muse indiscrète,
Essais que la tentation
Me fit rimer malgré Minerve.
Ah! si j'avais eu son aveu!...
Quand on l'a le reste est un jeu.
Doué de génie et de verve,
Un homme naît-il, avant peu
Rousseau fera trembler la terre
Devant la majesté de Dieu ;
Ou, pour le charme du parterre,
Malgré Fréron ou Richelieu,

Brillera Corneille ou Voltaire.
Il faut enfin le publier ;
Ces hommes n'étaient rien d'eux-mêmes ;
C'étaient des faiseurs de poëmes
Comme JEAN fut un *fablier*.
Garde-toi donc de l'oublier,
Et retiens, mon cher Hippolyte,
Cette heureuse distinction :
Tous ces beaux vers que chacun cite
Sentent trop l'inspiration ;
Mes vers du moins ont le mérite
D'être faits sans vocation.

D'autres enfin, je l'imagine,
Seront jugés d'après ton cœur :
Le sujet sauvera l'auteur ;
Je les ai faits pour Honorine.
Personne pourtant plus que toi
N'a le droit d'être difficile,
Même en ce genre, où d'après soi
D'une poétique facile
Chacun suit l'indulgente loi.
Des vers on connaît la mesure,

On rime, on se croit du talent;
Mais ce n'est qu'un cœur excellent
Qu'on a reçu de la nature,
Et de l'amour-propre un travers.

Pour toi, lorsque tu fais des vers
Pour célébrer ton Eugénie,
Du dieu puissant de l'harmonie
Tous les trésors te sont ouverts :
Le cœur a décidé l'hommage ;
L'esprit prend la plume aussitôt;
Le goût vient en régler l'usage ;
Le style coule sans défaut,
Et l'âme échauffe tout l'ouvrage.
Aussi, preuve de ton bonheur
Et des agrémens d'Eugénie,
Ton intéressante manie
Montre encore un aimable auteur.
Tes vers, goûtés par les poëtes,
Seraient des modèles pour eux;
Ils sont encor pour moi des gages précieux,
Et les fidèles interprètes
D'un esprit délicat et d'un cœur vertueux.

Mais tout à coup sur ta paisible vie
Que de chagrins se sont accumulés !
        Tes beaux jours sont-ils écoulés,
        Et toute espérance ravie ?
Non, mon ami; le sort est las de sa rigueur;
Crois-moi, le calme enfin succède à la tempête,
        Et l'auréole du bonheur
        Va de nouveau ceindre ta tête.
Tes malheurs sont finis ; à nous les retracer
        Il faut que ta muse s'engage;
        Il faut... A ce touchant ouvrage
        Je la vois déjà s'exercer;
        Au ton plaintif de l'élégie
        Elle accorde déjà ton luth ;
        Oui, tu vas payer le tribut
        A la douce mélancolie.

        Ne dis pas ce moment affreux,
        Moment d'horreur et de carnage,
Où ton frère à Wagram...O jour trop désastreux,
Mais glorieux du moins! l'épouvantable orage
        A foudroyé ce guerrier généreux (1)
        Sans pouvoir rien sur son courage :

____

(1) M. le baron H. C., l'un des colonels-

x

Il vit enfin ! dis-nous par quel bonheur.
    Ah ! tu consacreras sans doute
    Ce mot qui peint si bien son cœur :
        « La mort n'a rien que je redoute,
        « Et, succombant avec honneur,
        « J'allais savoir ce qu'il en coûte
        « Pour s'affranchir de la douleur;
    « Mais vint soudain s'offrir à ma pensée
    « De ma famille un souvenir chéri.
« Souffrons ! me dis-je alors ; je veux être guéri !
« Mon âme à vous revoir était intéressée...
« Amis, dans les tourmens cet espoir m'a souri ;
        « C'est pour vous que j'ai voulu vivre. »

    Mais qui t'empêche de poursuivre ?
    Tes esprits semblent abattus...
  Reviens à toi; tu chantes les vertus
    Près d'Hercule et près d'Eugénie,
    Et le danger n'existe plus.
Poursuis donc, et bientôt ta carrière est fournie.

____

majors des Chasseurs de la Garde, a eu une
jambe emportée à la bataille de Wagram.

De nos Zeuxis le plus vanté
Veut peindre la beauté parfaite ;
Mais pour l'ouvrage qu'il projette
Où trouver la divinité
Qui lui servira de modèle ?
Et quelle femme est assez belle
Pour soutenir l'entière nudité?
Certain qu'il n'est pas de mortelle
De qui tout puisse être emprunté,
Il va cherchant un contour, une grâce,
Prend le cou de Naïs et le bras de Zulmé,
Et fait si bien qu'enfin son ensemble est formé.
Que dis-je! du pinceau je ne vois plus la trace ;
C'est Vénus elle-même offerte à mes regards,
Et je me crois l'heureux rival de Mars.

Ainsi devant nous peindre une ame vertueuse,
Tu vas la composer de plusieurs traits épars.
Peins-nous la femme courageuse,
Opposant un front calme à la douleur. Peins-nous
Une épouse ingénue, heureuse ou malheureuse,
Selon le sort de son époux,
Dans les bras de l'hymen amante gracieuse,
Donnant tout à l'amour, et le rendant jaloux.

Peins-nous encore une sœur généreuse,
Oubliant tout, méprisant les dangers
    Pour aller secourir son frère
    Blessé sur des bords étrangers;
Dis-nous ce qu'elle a fait, ce qu'elle voulait faire,
    Et comment, sur un faux avis,
D'un désespoir mortel ses vœux furent suivis.
    Peins-nous enfin l'affectueuse amie,
    Et ton tableau sera parfait.
Mais d'un si bel ensemble où prendre chaque
    trait?
Ami, depuis longtemps ton esquisse est finie:
Plus heureux que Zeuxis tu ne peins qu'un
    portrait,
    Et ton modèle est Eugénie.

    Je veux avoir ton élégie,
    Et réclame pour l'avenir
    Tous les produits de ton loisir,
    Soit que ta muse soit guidée
    Par la peine ou par le plaisir:
    Tu ne peux plus mettre une idée,
    Une pensée, un sentiment
    En prose, en vers, même *autrement,*

Qu'il ne m'en faille un exemplaire,
Et je n'en veux rien excepter:
Quand un ouvrage à su nous plaire
On désire le completter.

AU MÊME,

à l'occasion de la décoration de la Légion d'Honneur qu'il venait d'obtenir.

1808.

ÉTRANGER à l'intrigue, à ton devoir fidèle,
Tu ne fis rien pour l'or, et fis tout pour l'honneur:
L'aigle, ami des vertus, a déployé son aile;
Il fend les airs et vient se poser sur ton cœur.

LE PARADIS PERDU.

1808.

Quel changement et quel malheur
A produits une seule pomme!
Tout était bien. Le premier homme,
Dans son Eden fécondé sans labeur,
A bien aimer, instruit par la nature,
Ne connaissait encor que le bonheur;
Et du sein de Dieu même une volupté pure,
Sans enivrer ses sens, descendait dans son cœur.
Des nombreux animaux la beauté primitive,
Les plantes et les fruits dans leur vigueur native,
Les arbres toujours verts, les prés toujours
 nouveaux,
L'onde majestueuse et les humbles ruisseaux,
Tout était pour lui seul; il était roi du monde.
A ses vœux, disait Dieu, que chaque être réponde:
Le lion caressait; et le tigre, innocent,
A son geste, à sa voix était obéissant.

A peine a-t-il péché, soudain pour lui tout
    change ;
Il connaît les regrets, la pudeur, l'embarras ;
Il fuit : mais Eve est nue... il est jaloux de l'Ange,
Et voudrait à ses yeux dérober des appas
Que l'œil divin de l'Ange éclaire et ne voit pas.
Il fuit, n'osant pas même employer la prière,
Jusqu'aux confins d'Eden précipitant ses pas.
Là, jetant tristement ses regards en arrière,
Il porte encor ses vœux sur ces rians climats :
Mais l'Ange à ses désirs oppose pour barrière
Le glaive étincelant dont fut armé son bras.
Chassé du Paradis, Adam au loin s'exile,
Espérant adoucir son destin rigoureux.
Mais bientôt il ressent, devenu moins agile,
Le besoin du repos... Humiliés, honteux,
Déchus de leur grandeur, nos parens malheureux
A la nature en vain demandent un asile ;
Les antres sont remplis d'insectes venimeux ;
Leurs pieds avec horreur glissent sur maint
    reptile,
Et dans les bois, naguère abris délicieux,
Ils disputent leur vie aux monstres furieux.
Dans ces cruels momens la nuit accroît leur
    trouble :

Adam marchait près d'Eve... il n'entend plus ses
    pas.
Il s'arrête... il écoute... et sa frayeur redouble...
Il appelle à grands cris... Eve ne répond pas.
O comble du malheur! c'en est fait, il succombe!
Pour ce dernier revers il n'est pas assez fort ;
Le genre humain en lui va recevoir la mort,
Et le berceau du monde est une vaste tombe...
Mais ranimé soudain par l'affreux désespoir,
Dieu de fureur, dit-il, Dieu tyran de la terre,
Je suis seul à présent; je brave ton pouvoir!
Eve n'est plus! hé bien! redoute ma colère!
Tremble!... Dieu lui répond par l'éclat du
    tonnerre.

Telle est ma fiction du Paradis perdu.
Eve se retrouva; le reste est bien connu.
Il fallut travailler; mais la nuit sous le chaume
Sur les peines du jour l'Amour versait son baume,
Et c'est de là, dit-on, que le monde est venu.

LE MOT DU BANQUEROUTIER.

1811.

—Eh! c'est vous, mon ami! qui vous amène
en ville?
En quoi peut-on vous être utile?
— Mais vous pouvez vous en douter ;
C'est de votre billet aujourd'hui l'échéance :
Je n'ai pas voulu l'escompter.
—Mon dieu. mon cher, quelle imprudence!
— Comment? — Vous ne savez donc pas ?
— Quoi? — J'ai fait banqueroute. — Bah!
— Eh mon dieu   . Oui, mon cher ; je
recommence.
On ne saura jamais ce que j'ai de souci
Pour me refaire une existence.
Tout ce que vous voyez ici
Dépend de ma nouvelle affaire ;
L'autre est perdue.— O ciel !—Qu'y faire ?
Je suis arrangé , dieu merci.
— Hé bien ! arrangeons-nous aussi.

Voyons ; entre nous, quelle somme
Me paîrez-vous sur mon effet ?
— Aucune encore un coup ; j'ai manqué tout à
fait.
— Ah ça, vous plaisantez ! — Mais non, *foi
d'honnête homme.*

EPITAPHE

d'un joli Singe.

Ci-gît Coco.... Qu'il était jovial !
Il aurait pu mourir en carnaval ;
Mais pour mieux mériter nos regrets les plus
tendres,
Par un trait de gàîté signalant son trépas,
Il enterra le Mardi-Gras,
Et se fit enterrer le Mercredi des Cendres.

LE LANGAGE DES FLEURS.

Pour la Fête de ma Femme, qui n'avait voulu
que des fleurs.

Février 1812.

Du merveilleux tu n'es pas curieuse ;
Tes cinq enfans, ton mari, ta maison,
Tes frères, des amis, le tems de la saison,
Avec cela tu sais te rendre heureuse,
Et ne t'informes pas si les Orientaux,
Les plus anciens des peuples de la terre,
Sont plus ou moins originaux
Que nos bons voisins de Nanterre ;
Si leur vin est un peu meilleur ;
S'ils ont comme eux des champs de roses,
Bien moins que leurs fumiers sentis du voyageur ;
Quelle est leur langue enfin ; et sur toutes ces
choses
Tu veux bien leur laisser entière liberté,
Puisqu'eux-mêmes de leur côté
Ferment les yeux sur ton ménage.
Hé bien, crois-moi, c'est être sage ;

Et c'est ainsi qu'on devrait penser tous :
Va, le bonheur n'est que chez nous.
Je veux pourtant te conter un usage
D'un de ces peuples d'Orient;
Naturel autant que riant,
Il a des droits à ton suffrage.

Chez eux les fleurs sont un langage :
Suivant le lieu, le temps ou sa position,
Une fleur est un mot, même une idée entière,
Toujours saisie avec précision :
Un bouquet nuancé devient pour une mère,
Une maîtresse, une épouse, un ami,
Un billet éloquent lu par l'objet chéri;
Chagrins, amitié, confiance,
L'heure d'un rendez-vous, un plaisir projeté,
Un secret de haute importance,
Désir de plaire, espoir d'être écouté,
Respect, devoir, amour, reconnaissance,
Tout en un mot s'exprime par les fleurs,
Et par les fleurs chaque besoin de l'ame,
Comme en autant de traits de flamme,
Se peint aux yeux des plus vives couleurs.

Une fois d'une jeune femme,

Ainsi que toi mère de cinq enfans

(Je ne tiens pas le fait d'un Brame;

Dire de qui, ma foi, je m'en défends)

Une fois donc de cette mère

C'était bientôt l'anniversaire,

Jour avec ardeur désiré:

Chacun, par le zèle inspiré,

Mettant son bonheur à lui plaire,

Voulait suivant ses goûts lui faire des présens...

« Je soupçonne un complot, dit-elle à ses enfans,

« Et j'en pénètre le mystère;

« Vos soins me sont connus; vous voulez me fêter;

« Mais je crains votre zèle, et viens sur cette

« affaire

« Avec vous, mes amis, un peu me concerter.

« Ce n'est pas l'usage ordinaire;

« Mais aujourd'hui nous saurons l'écarter :

« Voulez-vous donc sur ce qui peut me plaire

« Tout bonnement me consulter?

« Je vous dirai ce qu'il faut faire.

« *Point de présens*, amis; le temps n'est pas

« heureux;

« De ce plaisir faites le sacrifice,

« Et réservez pour un temps plus propice
  Ce zèle et ces soins généreux.
Au jour marqué pourtant remplissez mon
  « attente ;
« Que de ma fête on fasse les apprêts ;
« Courez, dévastez les bosquets ;
« Apportez-moi des fleurs, et je serai contente. »
Arrive enfin le jour tant attendu :
Chez la modeste mère, au lever de l'aurore,
Sur un tapis devant elle étendu,
Avec respect et plus de joie encore,
Un myrte verdoyant est soudain déposé.
  On aperçoit dans son branchage,
Par chaque enfant le bouquet composé,
Mystérieux et séduisant langage.
A quelques pas se tenant embrassés,
  Les enfans gardent un silence
  Dont ils sont fort embarrassés :
A leurs yeux pétillans on reconnaît assez
  Que s'ils font sage contenance
Il en coûte d'autant à leur impatience.
  Près de leur mère est l'époux satisfait,
  Grand ordonnateur du bouquet.
« Simple présent, dit-elle, aux présens préférable !

« Moment heureux ! plaisir inexprimable !

« Charmantes fleurs, je saisis tous vos traits,

« Et sans erreur mon cœur vous interprète.

« Ce myrte vigoureux et frais

« De l'amour filial est l'image parfaite ;

« Les cinq bouquets y sont fixés ;

« Mes enfans à jamais me seront attachés.

« Dominant sur cette verdure,

« Ce brin de jacinte incliné

« Est à mes yeux d'un bon augure ;

« C'est bien là le trait d'un aîné ;

« Il ne cède pas plus dans cette conjoncture

« Son droit d'aînesse à ses cadets

« Qu'à ses émules les succès,

« Qu'à son vainqueur une victoire aisée.

« Je devine à cette pensée

« Que chaque jour cultivant sa raison,

« Il saura me prouver combien je lui suis chère.

« Je devrais n'être qu'un bouton,

« Me dit cette rose légère ;

« Mais pour te fêter, ô ma mère !

« J'ai su devancer la saison,

« Et pour te ressembler vois cette violette :

« Je veux être comme elle et modeste et discrète.

« Poursuivons. Que dit ce lilas ?

« A ma grappe touffue on voit moins de calices

« Que je voudrais pour toi faire de sacrifices :

« Aux autres fleurs je dispute le pas

« Quand il s'agit de fêter Honorine.

« Ma tête, j'en conviens, à tous les vents che-

« mine ;

« Mais je tiens trop bien à ton cœur,

« Et verrais les efforts de l'autan destructeur

« Sans craindre qu'il me déracine. »

Tout semblait s'animer : le myrte, les bouquets,

Et jusqu'à des boutons d'œillets,

Et la tulipe encor mi-close,

Tribut naïf des petits marmousets,

Tendres fleurs qui déjà bégayent quelque chose.

Tout avait son langage ; et le jeune arbrisseau,

Entouré de lacs d'immortelle ,

Disait, Avec les fleurs ne formant qu'un faisceau :

Dans ce lien au temps rebelle,

Dont je chéris le pouvoir protecteur,

Je suis de ta famille un emblême fidèle...

Oui, dit alors l'époux la pressant sur son cœur :

Ainsi, toujours unis, nous ferons ton bonheur.

Et vous, enfans, accourez auprès d'elle ;

Plus de contrainte en cet heureux moment ;
Venez, et dans ses bras achevez mon ouvrage.

      Peut-être un peu trop brusquement
      Je t'ai conduite en orient :
      Je te ramène à ton ménage ;
Comme dans l'Indostan on est heureux chez
           nous,
   Et j'aurais dû t'épargner le voyage.
    Nos fleurs ont aussi leur langage :
Vois tes enfans; ils pressent tes genoux ;
Point de présens; nous te chérissons tous;
C'est la même vertu comme le même hommage.

COUPLETS

chantés par ma Femme à la fête de son frère.

1807.

ᴀɪʀ : *Comme l'hirondelle et l'amour.*

Iʟ est maint oiseau de passage ;
Lisez l'histoire de Buffon ;
Plus d'un sentiment au jeune âge
Germe en nous avec la raison :
J'ai consulté dans ma sagesse
Mon cœur et Buffon tour à tour ;
Aucun n'arrive avec vîtesse
Comme l'hirondelle et l'amour. *(bis.)*

Hélas ! l'hiver et la vieillesse
Glacent nos cœurs et nos climats ;
Adieu sentimens et jeunesse !
Oiseaux, évitez les frimas.

Or, sur un tel point que décide
Le cœur et Buffon tour à tour?
Qu'aucun ne fuit d'un vol rapide
Comme l'hirondelle et l'amour.

Du mal nous avons le remède ;
S'il n'est qu'un temps pour les desirs ,
A l'amour l'amitié succède;
Elle a bien aussi ses plaisirs :
Instruite des peines cruelles
Qui vous font gémir nuit et jour ,
L'Amitié soudain prend des ailes
Comme l'hirondelle et l'amour.

Mais aux cas extraordinaires
L'Amitié ne se borne pas ;
Elle sait de roses légères
Orner la coupe du repas.
Avec les Ris elle s'engage ,
Sans qu'on la voie en un beau jour
S'offusquer du moindre nuage
Comme l'hirondelle et l'amour.

8 *

De l'amitié parfait modèle,
Joyeux apôtre du plaisir,
Tu nous combles par lui, par elle;
Que tu sais bien les réunir !
Aussi crois que, malgré l'usage,
Quand nous t'aimons, notre retour
N'est point un oiseau de passage,
Comme l'hirondelle et l'amour.

CHANSON

chantée par de jeunes demoiselles à Mlle V. P.
leur maîtresse.

1807.

Air : *Dans ma chaumière.*

J'fêtons Annette
Avec plaisir (*bis*) à peu de frais ;
Par une simple chansonnette,
Dont l' cœur a dicté les couplets,
  J' fêtons Annette. *bis.*

J'aimons Annette ;
Je l' déclarons devant témoins :
C' sentiment-là c'est une dette,
Puisqu'ell' nous comble de ses soins.
  J'aimons Annette.

Pour notre Annette
Cueillons des fleurs à pleines mains ;
Que la fraîcheur en soit parfaite :
Gnia rien d' trop beau dans nos jardins
  Pour notre Annette.

Viv' notre Annette !
Le doux refrain, le joli mot !
Chaqu' jour notre cœur le répète ;
Mais aujourd'hui j' chantous tout haut :
Viv' notre Annette.

LES VOYAGES.

1811.

Air du Plaisir des Rois.

Voyager est un vieil usage;
A la ville ainsi qu'au village
De place chacun veut changer ;
Petits et grands, chacun veut voyager.
La vie est notre grand voyage,
En ce monde l'homme voyage,
Et jusqu'à ce globe roulant
Ici bas tout va voyageant. (*bis*)

On voyage par compagnie ;
On voyage par fantaisie ;
On voyage dans l'étranger;
Dans son pays on aime à voyager.
Sous la verdure renaissante
Je vois la bergère innocente
Voyager avec son amant.
Ici bas, etc.

Un jeune homme sort du collège,
Du monde ignorant le manège;
Dès qu'il sait danser et nager
Pour le former on le fait voyager.
D'un tendre objet on le sépare :
Il gémit, sa raison s'égare...
Mais il se console en courant.
Ici bas, etc.

Voyez-vous le corsaire avide?
Garnerin arpentant le vide?
S'ils bravent gaîment le danger,
Ils savent bien qu'on gagne à voyager.
Un curé pour voir un malade
Va la nuit loin de sa bourgade
Faire un voyage bienfaisant.
Ici bas, etc.

Le commerçant chez qui l'or brille
Peut vivre au sein de sa famille ;
Il a champs, vignoble et verger;
Tout lui sourit : mais il veut voyager.
Un auteur a mis tout en gage ;
Demain on va le mettre en cage :
Il s'en tire en déménageant.
Ici bas, etc.

Le patin qui glisse en Hollande,
L'échasse qui franchit la lande,
Traîneau, guimbarde, esquif léger,
Ane et mulet servent à voyager.
    A Paris, le fait est notoire,
    En volant on court à la gloire,
    Certain auteur sait bien comment
    Ici bas, etc.

    Enfans du dieu de l'harmonie
    Méconnaît-on votre génie,
    Il est aisé de vous venger ;
Au double mont tâchez de voyager :
    Mais gardez que votre Minerve,
    Sans grâce, sans esprit, sans verve,
    N'en revienne en dégringolant.
    Ici bas, etc.

    Des volcans sonder le cratère,
    Chez les sauvages prendre terre,
    Aux crabes se faire manger,
C'est pousser loin l'amour de voyager.
    Parcourant le double hémisphère,
    Buffon sans sortir de sa terre,
    Voyageait plus commodément.
    Ici bas, etc.

On connaît des peuples nomades
Les éternelles promenades ;
Sous la tente ils savent loger,
Vivre au désert, et toujours voyager.
Le baladin qui nous amuse,
Le charlatan qui nous abuse,
Le pélerin, le juif errant,
Ici bas, etc.

Soldat, ambassadeur ou page,
Ministre, juge ou bien ôtage,
Quand vous devriez enrager,
Au premier ordre il vous faut voyager.
Mais que l'amitié nous appelle,
Sans contrainte on vole auprès d'elle ;
Le cœur, l'esprit, tout est content.
Ici bas, etc.

~~~~~~

RONDE

*pour le repas des noces de Mlle A. S. avec M. S.,
jardinier de l'Empereur, fait dans le joli jardin
de M. M*** à Chaillot.*

Juillet 1812.

AIR : *Gai, gai.*

Gai, gai, mariez-vous,
   Jeunes filles
   Si gentilles ;
Gai, gai, mariez-vous ;
L'exemp' d'Adèle est si doux !

Vos charmes sont une fleur,
   Eun' rosée,
   Eun' matinée ;
Enfin c'est une primeur
Qui n' manqu' jamais d'amateur.
   Gai, gai, etc.

Eun' fleur s'ouvre ; aussitôt j' di
   Qu'on m' la cueille
~~~~~~

Avec sa feuille :
L' dieu d'hymen réclame aussi
Le bouton épanoui.
   Gai, gai, etc.

La rosée est un bienfait
   Pour la plante
   Un peu souffrante :
L' mariag' produit l' même effet ;
C'est la rosé' d' not' bosquet.
   Gai, gai, etc.

Eun' matiné', quell' fraîcheur !
   On jardine,
   On enracine :
D' bonne heure ainsi faut d' vot' cœur
Mett' le terrain en valeur.
   Gai, gai, etc.

La primeur est c' qui y a d' mieux
   Dans la serre
   De Cythère ;
L'Amour en est curieux ;
Faut qu' l'hymen soit matineux.
   Gai, gai, etc.

D' la sagesse et d' la douceur
    L' vrai modèle
    C'est Adèle;
Elle arrive avec candeur
Dans l' beau jardin du bonheur.
    Gai, gai, etc.

L' marié lui porte à foison
    Tendresse
    Et délicatesse;
L'amour joint à la raison,
C'est un bouquet d' tout' saison.
    Gai, gai, etc.

Dans c't asile gracieux
    Tout excite,
    Tout invite;
D'heureux époux, de beaux yeux
Et la dame de ces lieux.
    Gai, gai, etc.

CHANSON

chantée par ma femme au même repas.

Air de l'Avis aux Femmes.

Sous les plus heureux auspices
Va s'écouler ce beau jour;
Sur l'autel des sacrifices
J'ai vu consacrer l'Amour :
Enfin le plaisir s'apprête
Après la solennité,
Et fait de ce jour de fête
La fête de la gaîté. } (*bis.*)

Que j'aime les mariages,
Leurs apprêts, leurs embarras,
Leurs plaisirs et leurs usages,
La danse après le repas !
A minuit vient le mystère
Qui nous dit : *Retirez-vous;*
Et l'aurore enfin éclaire
La fête des deux époux.

C'en est fait, ma jeune amie ;
L'hymen a su vous choisir,
Et d'une nouvelle vie
Votre sort va s'embellir :
Au bonheur qui vous appelle
Mon cœur se met de moitié,
Et fait de l'hymen d'Adèle
La fête de l'amitié.

ROMANCE.

22 février 1813.

AIR : *C'est le devoir d'un vaillant troubadour.*

Annette avait au printemps de son âge
Tendre regard, cœur sensible et gaîté.
Lucas l'aimait; mais Annette était sage;
Lucas soumis et plein de loyauté.
    Vivaient-ils sans tendresse?
    Non; ils disaient sans cesse :
Que l'amitié suffise à notre cœur, ⎫
Et l'amitié fera notre bonheur. ⎭ *bis.*

Partout Lucas se trouvait près d'Annette;
Plaisirs, travaux entr'eux se partageaient :
S'il s'absentait elle était inquiète;
A son retour soucis disparaissaient.
    Respectant l'innocence,
    Lucas avec prudence
De l'amitié savourait la douceur,
Et l'amitié suffisait à son cœur.

Mais tout à coup la trompette guerrière
A retenti dans ces paisibles lieux :
Il faut partir, et la loi trop sévère
Expose Annette aux plus tendres adieux.
  Lucas de sa constance
  Obtient la récompense...
Mais quand l'amour ajoute à son bonheur
C'est l'amitié qui domine en son cœur.

Quinze ans entiers parcourant les deux
   mondes,
Il affronta mille et mille dangers;
Enfin, couvert de blessures profondes,
Après quinze ans il revoit ses foyers.
  Il y retrouve Annette,
  Et son cœur lui répète :
J'aimai jadis et j'aimerai toujours;
Ton amitié me rend mes plus beaux jours.

CONCLUSION.

Verseuil fait maints petits couplets
Où Vaugelas n'a guère à dire.
Moi je ne dis pas : Chantez-les;
Mais le soir vous devez les lire.